GARFIELD

poids lourd #4

PAR JIM DAVIS

PAR JIM DAVIS

GARFIELD
poids lourd #4

TRADUIT DE L'AMÉRICAIN PAR
JEAN-ROBERT SAUCYER

Publié par **PRESSES AVENTURE**, une division de
LES PUBLICATIONS MODUS VIVENDI INC.
3859, autoroute des Laurentides
Laval (Québec) H7L 3H7
Canada

Dépot légal: 2ᵉ trimestre 2002
Bibliothèque nationale du Québec
Bibliothèque nationale du Canada
Bibliothèque nationale de France

Données de catalogage avant publication (Canada)
Davis, Jim

      Garfield poids lourd #4
      Bandes dessinées.
      ISBN 2-89543-071-3

Canadä Nous reconnaissons l'aide financière du gouvernement du Canada par l'entremise du Programme d'aide au développement de l'industrie de l'édition (PADIÉ) pour nos activités d'édition.

Gouvernement du Québec — Programme de crédit d'impôt pour l'édition de livres — Gestion SODEC

GARFIELD EN 2003 PRÉSIDENT

PROGRAMME ÉLECTORAL DE GARFIELD

IL ABOLIRA LES LUNDIS.

IL FRAPPERA LES GYMNASES ET LES SPAS D'UNE TAXE SUR LA SUEUR.

IL SUBVENTIONNERA LA SIESTE À TOUTE HEURE DU JOUR.

IL DÉBLOQUERA DES CRÉDITS POUR LA GUERRE CONTRE L'HALEINE DES CHIENS.

IL METTRA SUR PIED UN COMITÉ PRÉSIDENTIEL SUR LES CASSE-CROÛTE.

IL OBLIGERA TOUTES LES CAFÉTÉRIAS DES ÉCOLES À OFFRIR UN GRAND CHOIX DE DESSERTS.

GARFIELD ®

DODO? DODO!

FLAP
FLAP
TAP TAP
POF POF
POF

FLAP
FLAP
TAP TAP
POF POF
POF

POF POF POF
POF
POF
POF
POF

Z

JIM DAVIS 8-20

TU AIMES ATTIRER L'ATTENTION, N'EST-CE PAS?

NON, PAS DU TOUT!

WOUFF
WOUFF
WOUFF
WOUFF

WOUFF
WOUFF

À TON TOUR!

WOUFF
WOUFF
WOUFF

UN STAGIAIRE!

WOUFF
WOUFF
WOUFF

PLOP!

TU REGARDAIS ENCORE UN COURS DE CUISINE TÉLÉVISÉ?

ÉMOTIVEMENT JE SUIS ÉPUISÉ!

JIM DAVIS 8-25

NOUS N'AVONS PLUS DE KETCHUP

JIM DAVIS 8-26

COMMENT CELA SE FAIT-IL?

AUCUNE IDÉE!

QUEL TEMPS SPLENDIDE! POURQUOI NE PAS SE RENDRE À LA PLAGE?

À PROPOS, LA TÉLÉ EST EN PANNE

VITE! MON MAILLOT!

JIM DAVIS 8-28

HEU... JE N'AI PLUS QU'À ME DÉVÊTIR

J'AI TOUT PRÉVU; J'AI ENFILÉ MON MAILLOT SOUS MON PANTALON

ZIP

JIM DAVIS 8-29

Aïe!

Ouah!

OUILLE!

PERSONNE NE PORTE UN SANDWICH AU SALAMI AUSSI BIEN QUE JON!

© 1995 PAWS, INC./Distributed by Universal Press Syndicate

HÉ! QU'EST-IL ADVENU DE L'AUTRE RIDEAU?

TU LE CHERCHERAS AU RETOUR DE NOS VACANCES À HAWAII!!

ARRGGHHH!

ÇA NE FONCTIONNE PAS!

ZUT! JE SUIS ASSIS DANS LA COLLE!!

IL N'EST PAS FAIT POUR LES MODÈLES RÉDUITS

NOUNOURS, T'ES MON SEUL AMI!

TOI SEUL ME COMPREND...

TU ES LE SEUL AVEC QUI JE PEUX PARTAGER MA GAMELLE!

CRAC!
POP!

UN, DEUX, UN, DEUX,
UN, DEUX...

IL EST IMPORTANT
D'ÉTIRER SES
MUSCLES ET DE
LES ÉCHAUFFER....

AVANT TOUT EXERCICE
QUI EXIGE DE
L'EFFORT

© 1995 PAWS, INC./Distributed by Universal Press Syndicate

CLIC CLIC CLIC CLIC CLIC CLIC C
CLIC CLIC CLIC CLIC CLIC
CLIC CLIC CLIC CLIC CLIC
CLIC CLIC CLIC CLIC CLIC
CLIC CLIC CLIC

JiM DAViS 9-24

TÉLÉPHONE AUX SECOURISTES!

JON! C'EST ODIE!

SCREEEEEE

IL EST PRISONNIER EN HAUT D'UN ARBRE!

IL NE PEUT EN REDESCENDRE!

ODIE SEMBLE LIGOTÉ À CETTE BRANCHE

CROIS-TU QUE LES SECOURISTES PASSERAIENT PAR LA PIZZERIA EN VENANT ICI?

GARFIELD VA FAIRE UN RÉGIME

HEP!

UN RÉGIME IMBATTABLE

HÉ-HO!

POUR CEUX QUI SONT TROP GROS POUR ATTEINDRE LA TABLE

HÉ! UN PETIT COUP DE MAIN, S.V.P.!

Quel gros lard!

"QUEL GROS LARD!" EST-CE TOUT CE QUE TU SAIS DIRE?

Non

Tu pues des pieds!

Alors, ce régime?

Ouah!

J'ai la réponse à ma question

GARFIELD, SI TU TRICHES SUR TON RÉGIME...

TU NE FAIS DU MAL QU'À TOI-MÊME!

OUILLE!

Plus un geste! Tu sais ce qui va se produire...

Tu vas poser les pieds sur moi, je te dirai "Gros lard", tu vas perdre ton sang-froid et m'écraser

BON! POUVONS-NOUS COMMENCER?

Vas-y mon gros!

GARFIELD, JE TIENS À TE FÉLICITER DE T'EN TENIR À TA DIÈTE

DE LA MOUTARDE?!

JIM DAVIS 10-12

JE VAIS À UNE FÊTE!

Y METTRE UN FREIN, SANS AUCUN DOUTE!

JIM DAVIS 10·20

JE SAIS CE QU'IL TE FAUT, GARFIELD

TU AS BESOIN D'ÊTRE RASSURÉ QUANT À MON AFFECTION

JIM DAVIS 10·21

TU AS BESOIN D'ÊTRE FLATTÉ

J'AI BESOIN DE SAVOIR SI JE SUIS COUCHÉ SUR TON TESTAMENT!

DEUX PLACES SUR LA CLÔTURE, S.V.P.

APRÈS VOUS, MA CHÈRE!

QUE FAISONS-NOUS ICI? NOUS DEVIONS ALLER AU SPECTACLE, PUIS SOUPER EN VILLE!

ATTENDS UN PEU!

VOICI LE SPEC-TACLE!

FLIP FLAP

SPLUT!

ET VOICI LE SOUPER!

© 1995 PAWS, INC./Distributed by Universal Press Syndicate

JIM DAVIS 10-22

SAIS-TU CE QUE J'AI VU HIER SOIR DANS LE SALON?

UNE SOURIS! ET SAIS-TU CE QUE ÇA SIGNIFIE?

QUE QUELQU'UN NE FAIT PAS SON BOULOT!

SUIS-JE VRAIMENT CONCERNÉ PAR CETTE CONVERSATION?

JIM DAVIS 10-23

TU ES UN CHAT!

ELLE EST UNE SOURIS!

PAF!

RAVI DE VOUS RENCONTRER!

JIM DAVIS 10-24

© 1995 PAWS, INC./Distributed by Universal Press Syndicate

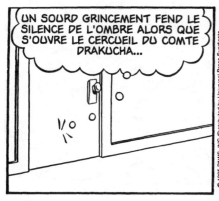

BARON DES CANINES, HEUREUX DE VOUS VOIR!

VENEZ! VOUS DÎNEREZ À MA TABLE!

JE PARTAGERAI UNE NUQUE AVEC VOUS

JIM DAVIS 11-1

LE RÈGNE DE TERREUR DU COMTE DRAKUCHA SE POURSUIT!

JIM DAVIS 11-2

MINUIT SONNE!

LE VENT S'ÉLÈVE

JIM DAVIS 11-3

ET JE PARIE QUE LA LUNE EST ROUSSE

OÙ CACHES-TU TES VOLAILLES?

NE RÉSISTE PAS!

LES CHATS VAMPIRES N'EXISTENT PAS!

C'EST MIEUX AINSI! LES GÂTEAUX N'ONT PAS DE NUQUE!

JIM DAVIS 11-4

JE ME RAPPELLE LES JOURS GLORIEUX DE MA JEUNESSE

LES SAMEDIS SOIRS À DRAGUER SUR LA GRAND-RUE DANS MON VÉHICULE...

BIEN SÛR, JE DEVAIS RAMENER LE TRACTEUR AVANT DIX HEURES

EUF!

J'AI DÉCIDÉ D'AFFICHER UNE NOUVELLE ATTITUDE POSITIVE

QUI EST, SANS AUCUN DOUTE, VOUÉE À L'ÉCHEC!

JIM DAVIS 11-11

AÏE!

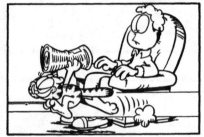

SMACK

JIM DAVIS 11-26

LES ARAIGNÉES GÉANTES, NÉCESSITENT L'ÉDITION DU DIMANCHE

AÏÏÏÏEEE!!

PRATIQUONS NOTRE SOURIRE FACTICE!

HÉ, GARÇON!

N'EST-CE PAS UN VRAI SOURIRE?

TRICHEUR!

CE LAIT EST IMBUVABLE

COMMENT JE LE SAIS?

LE FAIT QU'IL TIENNE TOUT SEUL, SANS VERRE, M'A CONVAINCU!

DU PAPIER HYGIÉNIQUE?

MA LISTE DE CADEAUX!

DÉROULE DÉROULE DÉROULE

DRINNG!

C'EST LE DÉBUT OFFICIEL DU TEMPS DES FÊTES!

J'AI RÊVÉ À MON PREMIER PLUM-PUDDING!

JON, VOIS CE QUE J'AI TROUVÉ!

UNE TROUSSE DE DÉMARRAGE POUR NOËL!

IL SUFFIT D'Y AJOUTER UN SAPIN

JIM DAVIS 12-11

LES BEAUX SAPINS SONT TELLEMENT NOMBREUX

SAPIN DE NOËL

J'AI DU MAL À EN CHOISIR UN SEUL...

ODIE AUSSI...

SAPIN DE NOËL

JIM DAVIS

SAPINS DE NOËL

IL LES AIME TOUS!

12-12

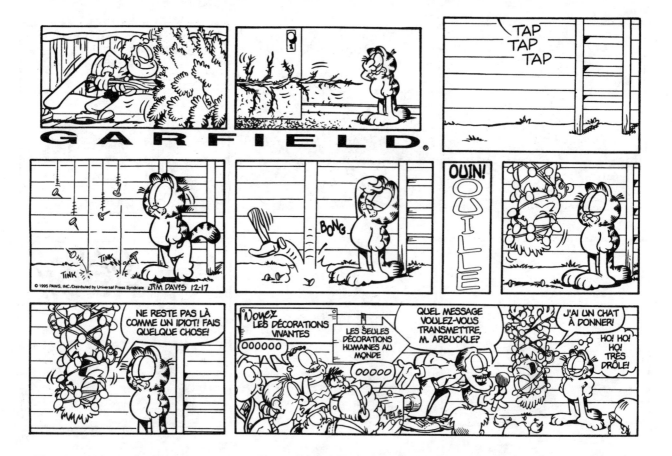

NON, JE N'AI PAS ENCORE ACHETÉ TON CADEAU DE NOËL

NON PAS QUE J'INSISTE...

"JOYEUX NOËL, FILS CHÉRI!"

LA PLUPART DES MÈRES GLISSENT QUELQUES BILLETS DANS LEURS CARTES DE VŒUX

CELLE DE JON GLISSE UN JAMBON CUIT!

364 JOURS PAR ANNÉE, MÊME UN LEVIER NE PEUT SORTIR LES GARÇONS DU LIT

JIM DAVIS 12-25

© 1995 PAWS, INC./Distributed by Universal Press Syndicate

PAR CONTRE, LE MATIN DE NOËL...

C'EST INJUSTE! ON ATTEND, ON ATTEND ET ON ATTEND ENCORE QUE VIENNE NOËL...

PUIS, SOUDAIN, IL EST PASSÉ

UN PEU COMME UN ÉTERNUEMENT!

JIM DAVIS 12-26

OÙ EST MON NŒUD PAPILLON À HÉLICES?

MON POULET EN CAOUTCHOUC! AS-TU VU MON POULET EN CAOUTCHOUC ET MON CLAIRON?!

L'APPROCHE DE LA NOUVELLE ANNÉE AGIT SUR SON SYSTÈME NERVEUX

OÙ EST PASSÉE LA CHÈVRE?!

JIM DAVIS 12-27

JIM DAVIS 12-28

PSIIIIIFT

GARFIELD! LA ST-SYLVESTRE N'EST QUE DANS TROIS JOURS!

IL FAUT S'EXERCER POUR ÊTRE BON

VOYONS, QUE DEVRAIS-JE PORTER AU RÉVEILLON DE LA ST-SYLVESTRE?... DES POIS, DES CARREAUX OU DES RAYURES?

HUM... LES POIS, SANS HÉSITATION!

JIM DAVIS 12-29

LE NOUVEL AN APPROCHE À GRANDS PAS ET TU SAIS CE QUE ÇA SIGNIFIE...

NOUS DEVONS CHANGER LE CALENDRIER!

JIM DAVIS 12-30

NOUS N'AVONS PAS CONNU PAREILLE FRÉNÉSIE DEPUIS LES GRANDS BOULEVERSEMENTS ENTOURANT LA RÉORGANISATION DU TIROIR À CHAUSSETTES

TU SAIS, GARFIELD...

L'ARRIVÉE D'UNE NOUVELLE ANNÉE INCITE À LA RÉFLEXION

ET AU DIALOGUE QUANT AUX VIRAGES QU'IL NOUS FAUT AMORCER

SAISIS-TU BIEN MON PROPOS?

OUAIS, TU DIS QUE PERSONNE NE NOUS A INVITÉS À RÉVEILLONNER!

JIM DAVIS 12-31

REGARDE COMMENT ON FAIT POUR ATTIRER L'ATTENTION D'UNE FILLE!

SA RÉACTION?

TU VAS LA RECEVOIR DANS 3, 2, 1...

JE NE VOIS PAS COMMENT M'OCCUPER

C'EST UN PROJET AMBITIEUX, JON

JE NE VOIS PAS POURQUOI ON CHERCHERAIT À S'OCCUPER

© 1996 PAWS, INC./Distributed by Universal Press Syndicate

JIM DAVIS 1-7

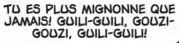

SOLDE

PIZZA

© 1996 PAWS, INC./Distributed by Universal Press Syndicate

COUCHE-TOI!

C'EST UNE BELLE MATINÉE

ÇA DÉPEND DE L'ENDROIT OÙ L'ON EST ASSIS!

GARFIELD, JE M'APPRÊTE À ENTRER!

QU'EST-CE QUE JE VAIS Y GOÛTER!

TU FERAIS MIEUX DE N'ÊTRE PAS SUR MON FAUTEUIL!

JE TREMBLE!

J'ENTRE À PRÉSENT!

RÉVEILLE-MOI APRÈS LA RACLÉE!

GARFIELD, TU EXERCES UNE MAUVAISE INFLUENCE SUR ODIE

PROUVE-LE!

MIAOU!

REGARDE CE SOLEIL RADIEUX!

D'ACCORD!

ET APRÈS?

À PRÉSENT VOUS SAVEZ COMMENT ON SE SENT QUAND ON EST LE DERNIER BEIGNE!

© 1996 PAWS, INC./Distributed by Universal Press Syndicate   JIM DAVIS 1-21

JiM DAViS 1-28

DORS PAISIBLEMENT, ODIE

OUBLIE JUSQU'À L'EXISTENCE DES VAMPIRES...

JIM DAVIS 1-31

GARFIELD, MON POISSON A DISPARU!

JIM DAVIS 2-1

ET LE BOCAL CONTIENT UNE POMME DE TERRE!

TU ME PRENDS POUR UN ABRUTI?

DEUX SEMAINES QU'IL NOURRIT CETTE POMME DE TERRE!

ENTENDU, GARFIELD, SUPPRIMONS TOUTE RÈGLE RÉGISSANT LE COMBAT DE BOULES DE NEIGE

UN COMBAT SANS RÈGLE, D'ACCORD?

© 1996 PAWS, INC./Distributed by Universal Press Syndicate

JIM DAVIS 2-5

SPLUT!

D'ACCORD!

TAP TAP TAP

© 1996 PAWS, INC./Distributed by Universal Press Syndicate

VOILÀ!

JIM DAVIS 2-6

ZING!

HA! RATÉ!

2-9

GARFIELD, FAISONS UNE TRÊVE!

TU SAIS CE QU'EST UNE TRÊVE, N'EST-CE PAS?

C'EST UN ENGAGEMENT MUTUEL...

JIM DAVIS 2-10

© 1996 PAWS, INC./Distributed by Universal Press Syndicate

JIM DAVIS 2-11

C'EST VENDREDI SOIR, GARFIELD

CE WEEK-END, JE VAIS FAIRE CE QUE JE N'AI JAMAIS OSÉ

JE VAIS JOUER DE L'ACCORDÉON AVEC LES PIEDS!

SA QUALITÉ DE VIE AUGMENTE!

JE ME RÉSOUS À ÊTRE PLUS DÉCIDÉ!

AS-TU DÉCIDÉ DE CE QUE TU VOULAIS MANGER HIER SOIR?

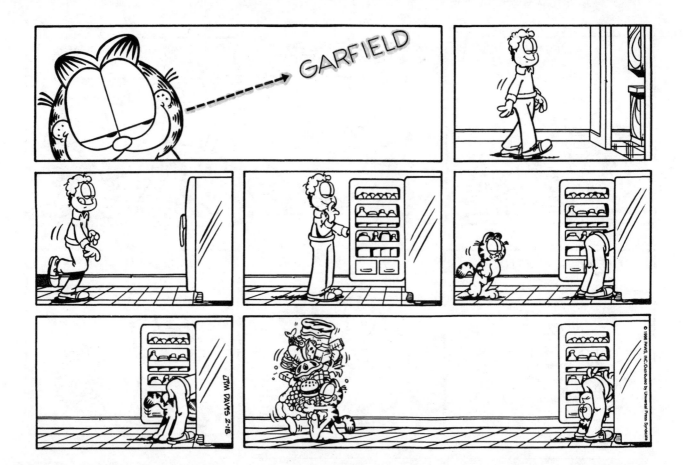

PLUS QU'UN BISCUIT!

SAIS-TU CE QUE ÇA SIGNIFIE?

QUE JE VAIS LE MANGER?

QUE TU AS MANGÉ TOUS LES AUTRES!

AH! OUI! ÇA AUSSI!

JIM DAVIS 2-19

LE DERNIER BISCUIT

JIM DAVIS 2-20

UN BISCUIT DURCI QUI TRAÎNE AU FOND DU SAC DEPUIS DIX SEMAINES ET QUI SENT VAGUEMENT LE MOISI

TU VAS LE BOUFFER, NON?

VOLONTIERS!

SI TU MANGES LE DERNIER BISCUIT, JE SERAI TRÈS TRISTE

ÇA IRA, ÇA IRA MIEUX!

MINOUCHE MINOUCHE

JIM DAVIS 2-21

LE DERNIER BISCUIT

© 1996 PAWS, INC./Distributed by Universal Press Syndicate

TU POURRAIS ÊTRE UN CHIC TYPE ET ME LE LAISSER

OU TU POURRAIS ÊTRE UN CHAT!

JIM DAVIS 2-22

J'AIMERAIS MANGER LE DERNIER BISCUIT, POUR UNE FOIS!

MERCI BEAUCOUP!

IDIOT!

LE DERNIER BISCUIT

JE L'AI VU EN PREMIER!

TU L'AS AUSSI VU EN DERNIER!

JIM DAVIS 2-23

JIM DAVIS 2-24

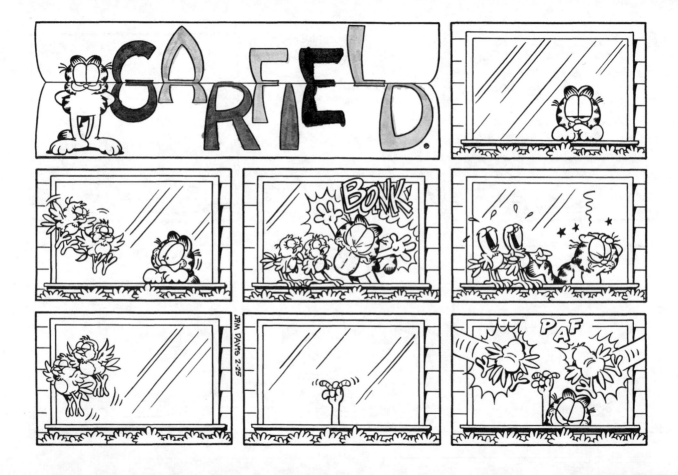

JE FILE AU MAGASIN. TE FAUT-IL QUELQUE CHOSE?

UNE SOURIS DE CAOUTCHOUC? UNE PELOTE DE LAINE?

... UNE ANTENNE PARABOLIQUE?

EN BLEU S.V.P.

JIM DAVIS 2-26

AÏE! JE LAÇAIS MES CHAUSSURES ET MON DOS NE SUPPORTE PLUS MON POIDS

FAIS QUELQUE CHOSE, GARFIELD!

JIM DAVIS 2-27

Aïe! je me suis coupé!

Ouille! je viens de me brûler!

Je vais plutôt commander une pizza

"LA CUISINE DES ANDOUILLES"

JIM DAVIS 2-28

GARFIELD, PUIS-JE TE PARLER UN INSTANT?

COMMENT EXPLIQUES-TU CECI?

QUESTION INTÉRESSANTE! JE DIRAIS QUE TU PARLES AU TÉLÉPHONE

AS-TU ENCORE JOUÉ AVEC LE POT DE COLLE?

OUAH! TU DEVRAIS ME MONTRER COMMENT FAIRE!

JIM DAVIS 2-29

CLIC

Jon, ici Harold, ton perroquet parlant, aussi rare qu'onéreux!

Le chat m'a pris en filature!

Je capte cette vidéo pour que... Noooooon!

x

AIEEEE!

GARFIELD!

BURP!

GARFIELD!

RENDS-MOI CE MAGAZINE!

AAAAHH!

JIM DAVIS 3-10

VOICI MON BULLETIN DE SIXIÈME ANNÉE!

MES PARENTS FURENT SI FIERS!

"CE TRIMESTRE JON N'A PLUS MIS SES CRAIES DE CIRE DANS SON NEZ"

JIM DAVIS 3-11

GARFIELD, MON FRONT COMMENCE À SE DÉGARNIR

JIM DAVIS 3-12

MAIS ÇA NE SE VOIT PAS ENCORE

HÉ! LE COCO

HEUREUX HASARD!

HÉ, GARFIELD, UN COLIS DE NOËL EN RETARD VIENT D'ARRIVER POUR TOI DE LA PART DE MA MAMAN

OH NON!

OH, C'EST TON CHANDAIL ANNUEL DE NOËL! JE PARIERAIS QUE TU CROYAIS QU'ELLE T'AVAIT OUBLIÉ

IL Y AVAIT DE L'ESPOIR

TU DEVRAIS LUI ENVOYER UN MOT POUR LA REMERCIER

JE VAIS CHERCHER UNE LETTRE BOMBE IMMÉDIATEMENT

© 1984 United Feature Syndicate, Inc.

JIM DAVIS 12-26

JE TE DONNERAI 10 MILLIARDS DE DOLLARS POUR CETTE TASSE DE CAFÉ

JIM DAVIS   12-27

TU RECOMMENCES! CHAQUE, JE DIS BIEN CHAQUE MATIN, TU VOLES MON CAFÉ

GLOUP

© 1984 United Feature Syndicate, Inc.

AH, N'EST-CE PAS CHARMANT, NOTRE PETIT RITUEL

JE DÉTESTE LES LUNDIS. C'EST LE JOUR OÙ LES GENS RETOURNENT AU TRAVAIL, OÙ LES ENFANTS RETOURNENT À L'ÉCOLE

5-21

ET OÙ LE RÉGIME COMMENCE

© 1984 United Feature Syndicate, Inc.

GARFIELD, TU ES TROP GROS

JE N'Y PEUX RIEN

5-22

J'AI UN MÉTABOLISME LENT

UN MÉTABOLISME TRÈÈÈÈÈS LENT

© 1984 United Feature Syndicate, Inc.

SAVEZ-VOUS CE QUE JE DÉTESTE DES RÉGIMES?

5-23 · JIM DAVIS

MANGER EST UN ACTE SOCIAL

ODIE

MAIS QUAND TU FAIS UN RÉGIME, TU LE FAIS TOUT SEUL

© 1984 United Feature Syndicate, Inc.

JE CROIS QUE J'AI TROUVÉ COMMENT METTRE FIN À CE RÉGIME

JIM DAVIS

© 1984 United Feature Syndicate, Inc.

JE SAIS QUE JE SUIS TROP GROS POUR UN CHAT...

MAIS JE SUIS PARFAIT POUR UN BOURDON!

5-24

FLIP FLAP
FLIP FLAP

FLIP FLAP
FLIP FLAP
FLIP FLAP

QU'OBTIENT-ON EN CROISANT UN CHIEN ET UN GORILLE GÉANT?

3-1

JIM DAVPS

UN GORILLE QUI S'ABREUVE À VOLONTÉ DANS LES CUVETTES!

VOICI MAINTENANT UN GRAND NUMÉRO DE MUSIC-HALL

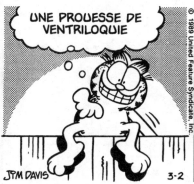

UNE PROUESSE DE VENTRILOQUIE

JIM DAVIS

3-2

METTANT EN VEDETTE MON ASSISTANT SURQUALIFIÉ!

GARFIELD

PAREILLE AFFECTION NE S'ACHÈTE PAS

GARFIELD, À TABLE!

CRICRI CRICRI CRICRI

CRICRI CRICRI

CRICRI CRICRI CRICRI

PROUF!

© 1989 United Feature Syndicate, Inc.

SOIS GENTIL, METS LA TABLE AU NIVEAU, VEUX-TU?

JIM DAVIS 3-5

PLOUP

JiM DAViS 3-13

CLIC

AIEEEE

3-14

WHAM!

JiM DAViS

ADIEU ARAIGNÉE!

CHNOUK

GARFIELD

3-15

3-16

PSCHIII

WHAM!

3-22 JIM DAVIS

HÉ! MINUTE PAPILLON!

GARFIELD, QUE T'ARRIVE-T-IL?

JIM DAVIS   3-23

J'AI BÂILLÉ ET MA MÂCHOIRE S'EST COINCÉE

QUE PUIS-JE FAIRE?

PRENDS CECI ET CHASSE LES MOUCHES

BELLE SOIRÉE, HEIN GARFIELD?

TANTE ORPHA FAISAIT DE LONGUES PROMENADES LE SOIR TOMBÉ

TRÈS BIEN

JUSQU'À CE QU'UNE CHAUVE-SOURIS S'AC-CROCHE À SES CHEVEAUX

RENTRONS, À PRÉSENT!

HÉ! SOURIS!

TOC TOC

LOIN DE MOI L'IDÉE DE ME PLAINDRE, MAIS QUE CHERCHES-TU?

QUE J'AIE L'AIR MINABLE?

OH! OH!

JON NE SERA PAS TRÈS HEUREUX

ELLE ONT FORMÉ UNE COPROPRIÉTÉ

4-7

JIM DAVIS

TCHOUF TCHOUF TCHOUF

VIVE LES SOURIS

JIM DAVIS

4-8

© 1989 United Feature Syndicate, Inc.

IL FAUDRAIT SONGER À SUPPRIMER LA CAPE DU COSTUME DE SUPERCHAT

CRI-CRI

DES BISCUITS AU SON!

BANG BING!

JIM DAVIS

4-16

VOICI L'ONCLE ZINZIN

IL ADORAIT RENIFLER LES GAUFRIERS

LES HEURES GAIES QUE NOUS AVONS PASSÉES À JOUER AU MORPION SUR SON VISAGE!

4-19

PROFITONS DE CE QUE GARFIELD NE SOIT PAS LÀ. JE N'AURAI PAS À LUI VERSER DU LAIT

4-20

JIM DAVIS

LA FILLE ÉTAIT FAVORABLE- MENT IMPRESSIONNÉE

PAR MA CLASSE ET MON RAFFINEMENT

PUIS JE ME SUIS APERÇU QUE J'AVAIS ENFILÉ MON SLIP PAR-DESSUS MON PANTALON

BOF!

CHIC! TU AS PRÉPARÉ MON PETIT-DÉJEUNER

QU'EST-CE QUE C'EST?

VOICI UN INDICE...

MMMM...

QU'EST-CE QUI A SIX PATTES ET QUI NE PEUT NAGER DANS LE JUS D'ORANGE?

PAUVRE ODIE! ENFERMÉ DEHORS AU FROID. JE NE SUPPORTE PAS DE LE VOIR AINSI. JE DOIS AGIR

TCHAC
4-26

AU PROGRAMME CE SOIR, MOZART...
GUERRE ET PAIX

ARLÈNE, MA JOLIE, GRIMPONS SUR LA CLÔTURE ET MIAULONS EN CHŒUR

JIM DAVIS

PRENDS UNE DOUCHE FROIDE, EMPOTÉ!

5-3

PSSCH!

© 1989 United Feature Syndicate, Inc.

VIENS ME REJOINDRE, ARLÈNE

5-4

JIM DAVIS

COMMENT VAIS-JE GRIMPER LÀ-HAUT?

PRENDS MA MAIN, MA JOLIE

© 1989 United Feature Syndicate, Inc.

C'EST MOI QUI DEVAIS TIRER!

GARFIELD

TU AS OUBLIÉ LE KETCHUP DE LA LISTE D'ÉPICERIE, ODIEOUS!

QUESTIONS ET RÉPONSES

POURQUOI LES CHATS SONT PARESSEUX...

LE POINT DE VUE DES CHATS

© 1989 United Feature Syndicate, Inc.

POURQUOI IL FAUT LES AIDER

LE POINT DE VUE DES CHATS

POURQUOI ILS DÉTESTENT LES CHIENS

LE POINT DE VUE DES CHATS

JIM DAVIS   5-14

POURQUOI LES CHATS SONT VANITEUX

LE POINT DE VUE DES CHATS

IL EST NORMAL DE LÉCHER L'ÉCUELLE QUAND ON EST AU RÉGIME...

BLUP BLUP BLUP BLUP

GARFIELD

5-17

MAIS À EXAGÉRER, TU FINIRAS PAR PERCER UN TROU!

GARFIELD

JIM DAVIS

TU NE CROIS PAS SI BIEN DIRE!

GARFIELD

© 1989 United Feature Syndicate, Inc.

GLOU

JIM DAVIS

5-18

CIEL! JE FAIS CE RÉGIME DEPUIS TROP LONGTEMPS!

© 1989 United Feature Syndicate, Inc.

JE NE SAIS PLUS COMMENT AVALER!

CHIC! DES JUJUBES!
J'ADORE LES JUJUBES!

© 1989 United Feature Syndicate, Inc.

JIM DAVIS   5-21

SLURP

DEBOUT, GARFIELD!

IL Y A TANT DE CHOSES À FAIRE DE PAR LE VASTE MONDE!

VRAI...

MAIS IL Y A UN BEAU GROS DODO À POURSUIVRE DANS CE PETIT LIT

JIM DAVIS

5-24

5-25

TAPE TAPE

JIM DAVIS

© 1989 United Feature Syndicate, Inc.

ODIE A LAISSÉ SON CERVEAU À LA SCIENCE

5-26

QUI S'EN EST EMPARÉE AVANT L'HEURE!

JIM DAVIS

Z

Z

JIM DAVIS

5-27

JE SUIS ÉPUISÉ!

J'EN AI TROP FAIT

C'EST LA DERNIÈRE FOIS QUE JE TAPE TROIS ROUPILLONS D'AFFILÉE SANS FAIRE UNE PAUSE

JIM DAVIS

5-29

ALLÔ DEBBIE? MA JOLIE!

GROS TAS DE LARD! TU MÉRITES D'ÊTRE TONDU ET CONGELÉ SUR UNE BANQUISE!

5-30

ALLÔ?

CLIC

JIM DAVIS

LA VIEILLESSE EST UN NAUFRAGE, GARFIELD

TANT DE RÊVES QUI NE SE RÉALISERONT PAS...

JE NE JOUERAI PEUT-ÊTRE JAMAIS LA CORNEMUSE!

CHUT! TU ME FENDS LE CŒUR

© 1989 United Feature Syndicate, Inc.

JIM DAVIS   6-12

ÉCOUTE CECI, GARFIELD

JIM DAVIS 6-13

PLUS ON VIEILLIT, MOINS ON PEUT SE CONCENTRER LONGTEMPS

INTÉRESSANT, PAS VRAI?

QUOI DONC?

© 1989 United Feature Syndicate, Inc.

J'AI PEINE À CROIRE QUE J'AURAI ONZE ANS DEMAIN

L'HEURE EST VENUE DE LEVER MES VIEUX OS

D'ABORD, LES ORTEILS

CRAC CRAC CRAC CRAC CRAC

PUIS, LES GENOUX, LES BRAS

CRAC CRAC CRAC CRAC

LES JOINTURES, ENFIN LE COU

CRAC CRAC CRAC CRAC CRAC CRAC CRAC CRAC CRAC CRAC

CRAC!

© 1989 United Feature Syndicate, Inc.

UN ANNÉE DE PLUS, UN CRAQUEMENT DE PLUS!

JIM DAVIS 6-18

JE FAIS LE CHAT DONT C'EST L'AN-
NIVERSAIRE ET VOUS FAITES LE
GÂTEAU.

BONNE FÊTE, GARFIELD
BONNE FÊTE, GARFIELD
BONNE FÊÊÊTE, BONNE FÊÊÊTE
BOONNE FÊÊTE, GAAARFIIELD!

PFFT!

COMMENT DÉFINIR
LA PARESSE?

C'EST FAIRE LA
PAUSE-CAFÉ ENTRE
DEUX ROUPILLONS

L'ASSEMBLAGE D'UN MODÈLE RÉDUIT COMPORTE DEUX RÈGLES...

JIM DAVIS   6-21

NE JAMAIS METTRE DE COLLE SUR SES DOIGTS ET, LE CAS ÉCHÉANT...

NE PAS METTRE LE DOIGT DANS SON NEZ

IL ME FAUT ALLER À L'HÔPITAL

UN PROJECTEUR ÉCLAIRE L'AVANT-SCÈNE

JIM DAVIS 6-22

S'AMÈNE LA VEDETTE, LA FOULE EST EN LIESSE!

© 1989 United Feature Syndicate, Inc.

MERCI! MERCI!

POURQUOI ME PRÊTER À CELA?

TU VIENS ENCORE DE METTRE LES PIEDS DANS LES PLATS!

C'EST L'HEURE DE LA COLLATION

CROUCHE CROUCHE

OUMP ERRRGH OUMP OUMP OUMP

© 1989 United Feature Syndicate, Inc.

CROUCHE CROUCHE CROUCHE

OUMP ERRRGH OUMP OUMP OUMP

OUF!

BISCUITS

BISCUITS

BISCUITS

JPM DAVPS

6-25

GARFIELD

EN COURANT VERS ELLE J'AI MARCHÉ DANS LA BOUSE MAUDIT, MAUDIT BLUES!

TAP TAP TAP

© 1989 United Feature Syndicate, Inc.

JIM DAVIS   7-2

WHAM!

LA BALLERINE ENTRE EN SCÈNE SUR LES POINTES

© 1989 United Feature Syndicate, Inc.   7-9

LE GYMNASTE TERMINE UNE PIROUETTE COMBINÉE AVEC LE SAUT PÉRILLEUX

NOUS VOICI AU MOMENT CRUCIAL DU TRIPLE SAUT

LE MARTEAU-PIQUEUR DÉFONCE TRENTE CM DE BÉTON

HÉ! GARFIELD!

JIM DAVIS

POURQUOI NE FAIS-TU PAS RONRON COMME LES AUTRES CHATS?

TU MÉRITES MIEUX QUE CELA

GARFIELD, NOUS PARTONS AUJOURD'HUI POUR LA FERME!

BIEN. JE SERAI DEHORS...

À DÉGONFLER LES PNEUS DE L'AUTO

JIM DAVIS   7-10

BOZO! COMMENT VAS-TU?

NE M'APPELLE PAS BOZO!

NAVRÉ! HUM... QUEL ÉTAIT TON AUTRE SOBRIQUET?...

OH! SI! COMMENT VAS-TU GENCIVES D'IGUANE?

BOZO IRA

JIM DAVIS 7-11

Garfield

PERMETTEZ QUE JE COUVE POUR VOUS, MADAME!

HÉ! ODIE! QUI VA CHEZ LE VET AUJOURD'HUI?

JYM DAVIS

PAUVRE ODIE

7-16

L'UN DE MES ONCLES S'EST RENDU CHEZ LE VET...

ON LUI A RETIRÉ LE CERVEAU POUR LE REMPLACER PAR CELUI D'UNE POULE

IL A PASSÉ LE RESTE DE SA VIE À BRAQUER LES ÉPICERIES POUR S'ASSEOIR SUR LES OEUFS

ALLONS-Y GARFIELD

MOI?

© 1989 United Feature Syndicate, Inc.

T'AS COMPRIS

UNE MINUTE, QUE JE LISSE MES PLUMES

J'AI RÉUSSI!

J'AI UN PAIN ENTIER DANS LA BOUCHE!

FÉLICITATIONS GARFIELD!

7-17

Z

Z

BONG!

Z

JIM DAVIS

7-18

AINSI, TU PARS OBSERVER LES OISEAUX...

7-19

MUNI DU GUIDE, DES JUMELLES ET DE LA POÊLE À FRIRE. AMUSE-TOI BIEN!

LA POÊLE À FRIRE?

JE TE GARDERAI UN PILON

JIM DAVIS

JIM DAVIS

LE GOÛTER EST SERVI!

PAS TOUCHE SINON JE PERDRAI LA PAGE!

7-20

GARFIELD, CROIS-TU QUE JE SUIS OBÈSE?

NE SOIS PAS RIDICULE

IL ME FALLAIT UN REMONTANT

8-4

BIENVENUE À TOUS LES MANGEURS INVÉTÉRÉS

LA PREMIÈRE RÈGLE DE L'ÉTIQUETTE À TABLE...

NE JAMAIS POSER LE PIED SUR LA PIZZA CHAUDE

8-5

JIM DAVIS

GARFIELD

LE PLAISIR QU'ON TROUVE À PARTAGER!

ZUT!

PAS UNE POSITION QUI SOIT CONFORTABLE

JE DOIS TROUVER LA BONNE POSITION, SINON JE NE DORMIRAI PAS

JIM DAVIS

8-6

VOYONS VOIR... SI JE SOULÈVE MA JAMBE ET MON BRAS DROITS, QUE JE PENCHE LA TÊTE EN ARRIÈRE ET QUE MA QUEUE SOIT EN ÉQUILIBRE...

Z

JE PRÉFÈRE NE PAS SAVOIR

© 1989 United Feature Syndicate, Inc.

NOM D'UN CHIEN!...

UNE MEZZANINE!

© 1989 United Feature Syndicate, Inc.

8-7

JIM DAVIS

CE N'EST PAS DÉJÀ LE MOMENT DE NETTOYER LE FRIGO!

LA VIANDE HACHÉE EST VERTE

JIM DAVIS

8-8

IL N'Y A PAS SI LONGTEMPS QUE CES RESTES SONT LÀ

IL Y A DES POILS SUR LA SOUPE AUX POIS

© 1989 United Feature Syndicate, Inc.

ÇA NE PEUT PAS FAIRE SI LONGTEMPS

J'AI TROUVÉ UN FOSSILE DANS LE PUDDING

ALLONS, GARFIELD! UN PEU DE GYMNASTIQUE RYTHMIQUE

♪ J'AI LA MUSIQUE EN MOI ♪

© 1989 United Feature Syndicate, Inc.

ALLONS, GARFIELD!

J'AI UNE HERNIE EN MOI ♪

JIM DAVIS

8-9

J'AI TRÉBUCHÉ SUR TON LIT, QUI S'EST BRISÉ. JE LE RÉPARE DEMAIN

JIM DAVIS

8-10

© 1989 United Feature Syndicate, Inc.

JE LE RÉPARE AUJOURD'HUI

QUAND TU VEUX

MANGER OU NE PAS MANGER? LA QUESTION NE SE POSE PAS. IL EST PLUS NOBLE DE VIDER L'ASSIETTE AFIN DE MIEUX LA REMPLIR

© 1989 United Feature Syndicate, Inc.

JIM DAVIS   8-13

CRIIIIIIIIIIII
TONC!

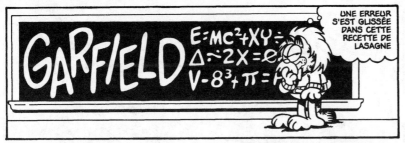

$E=MC^2+XY=$
$\Delta \sim 2X = e$
$V-8^3+\pi = ?$

UNE ERREUR S'EST GLISSÉE DANS CETTE RECETTE DE LASAGNE

REGARDE COMMENT JE FAIS

LA VIE EN FORÊT N'A PLUS DE SECRET POUR MOI

JIM DAVIS   8-20

ON DÉBALLE LES PROVISIONS, ON INSTALLE LES SACS DE COUCHAGE..

ON FAIT DU FEU...

CRIC CRAC CRIC CRAC

ENFIN, ON MONTE LA TENTE!

VOYONS UN PEU... QU'AI-JE OUBLIÉ?

PRÉVENIR NOTRE PLUS PROCHE PARENT?

ENFIN INSTALLÉS! ET TOUT EST IMPEC!

PAS D'ACCORD!

LA TENTE EST IMPEC, LE POINT DE VUE EST IMPEC, TOUT EST IMPEC!

RIEN N'EST ENCORE IMPEC

MAINTENANT, C'EST IMPEC!

© 1989 United Feature Syndicate, Inc.

JIM DAVIS 8-21

LA PLUIE FINIRA PAR CESSER, GARFIELD. AYONS LE SENS DE L'HUMOUR...

JE SUIS TREMPÉ AUX OS

JIM DAVIS

AÏE!

8-22

© 1989 United Feature Syndicate, Inc.

QUI A MIS UNE SANGSUE DANS MON HAVRESAC?

DIS JON, OÙ EST TON SENS DE L'HUMOUR?

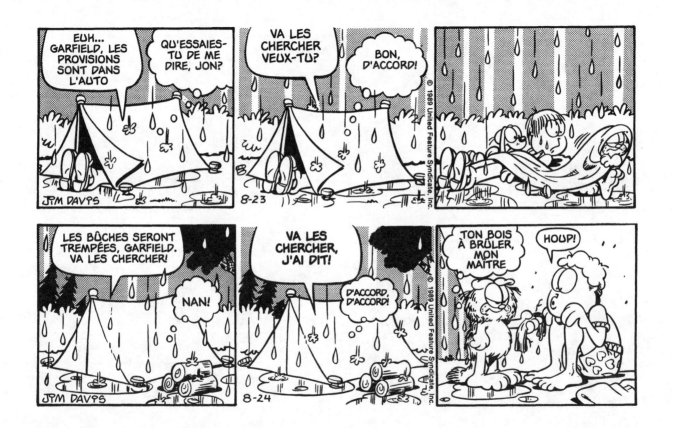

J'AI PEINE À LE CROIRE. DEUX SEMAINES AVEC JON ET ODIE DANS CE BLED PERDU

8-28

© 1989 United Feature Syndicate, Inc.

SI JE NE RENCONTRE PAS BIENTÔT QUELQU'UN D'INTÉRESSANT, JE VIRE FOU!

ALORS, MADAME LA ROCHE, QUELLES NOUVELLES?

JIM DAVIS

VA VOIR S'IL Y A DES OURS, GARFIELD

POURQUOI PAS?

8-29

JIM DAVIS

NON... PAS D'OURS DANS LES PARAGES...

© 1989 United Feature Syndicate, Inc.

SEULEMENT DES PUMAS!

JPM DAVIS

9-3

JE NE VOIS PLUS RIEN! AIDEZ-MOI!

LA COUVERTURE TE COUVRE LES YEUX, GARFIELD

JE LE SAVAIS

PARFOIS, CE PETIT M'INQUIÈTE

JON M'A FIXÉ UNE CLOCHE AU COU

IL ESTIME QUE JE NE POURRAI PLUS CHASSER LES OISEAUX

IL A PROBABLE-MENT RAISON

ICI L'ART REJOINT LA VIE

VOILÀ!

© 1989 United Feature Syndicate, Inc.

JIM DAVIS

9-8

CELA S'INTITULE : "TRACES D'ÉCUREUIL S'ÉCHAPPANT D'UN PLAT À LASAGNE VIDE"

CINQ HEURES DU MAT, GARFIELD. LA BELLE HEURE POUR JOGGER!

© 1989 United Feature Syndicate, Inc.

EUF

JE SAVAIS QUE CE PROJET INSENSÉ NE LÈVERAIT PAS

Z

JIM DAVIS

9-9

VOULEZ-VOUS RELEVER UN REPAS TERNE?

RFIELD

JIM DAVIS   9-15

VIDEZ VOTRE BOL SUR LA TABLE...

ET SAUTEZ À PIEDS JOINTS!

WHAM! WHAM! WHAM!

TU ES SURMENÉ, GARFIELD

LES GENS FONT PLACE AU CHANGEMENT QUAND IL EN ONT RAS-LE-BOL

JIM DAVIS   9-16

PRENEZ JON, PAR EXEMPLE!

ÇA LUI APPRENDRA À FAIRE UN SOMME

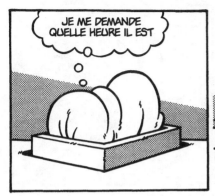

JE N'AIME PAS MANGER AU LIT

IL DOIT Y AVOIR UN FACTEUR PSYCHOLOGIQUE EXPLIQUANT CELA...

OU PEUT-ÊTRE EST-CE PARCE QUE JE SUIS COUCHÉ SUR MA FOURCHETTE?

© 1989 United Feature Syndicate, Inc.

JPM DAVPS

9-22

PARFOIS, J'AIME ME LEVER TÔT ET ACCOMPLIR MES BESOGNES

AARRRGGH!

COMME DE POSER LE BAC À LITIÈRE À CÔTÉ DU LIT DE JON

© 1989 United Feature Syndicate, Inc.

JPM DAVPS

9-23

TIENS! ON DIRAIT QUE TU AS AVALÉ TA LANGUE CE MATIN!

JUSTEMENT, JE N'AI RIEN AVALÉ POUR CAUSE DE RÉGIME!

JE CROYAIS QUE LES RONDOUILLARDS ÉTAIENT DES GENS JOVIAUX

ILS SOURIENT DE N'ÊTRE PAS AU RÉGIME

ALLONS! SOURIS!

PUISQUE TU INSISTES!

EN VERTU DU RÉGIME, JE N'AI DROIT QU'À UN BÂTONNET DE CAROTTE

JON PRÉTEND QU'UN RÉGIME PEUT ÊTRE SOURCE D'AGRÉMENT...

À MOINS QUE CETTE CHOSE NE DANSE LE MAMBO, JE RISQUE D'ÊTRE DÉÇU!

JIM DAVIS 9-25

© 1989 United Feature Syndicate, Inc.

JIM DAVIS 9-26

© 1989 United Feature Syndicate, Inc.

QU'EST-CE QUI FAIT QUE MES TASSES À CAFÉ DISPARAISSENT TOUJOURS

© 1984 United Feature Syndicate, Inc.   12-28

AHA!

IL FAUDRA QUE JE PARLE À LA FEMME DE MÉNAGE

JIM DAVIS

QUAND VOUS AVEZ DES ANIMAUX DOMESTIQUES, VOUS VOUS BLINDEZ CONTRE LE FAIT QU'ILS CONVOITERONT VOTRE NOURRITURE

12-29   JIM DAVIS

PERDU QUELQUE CHOSE, GARFIELD?

NON, VOICI MA RAYURE

© 1984 United Feature Syndicate, Inc.

J'AI FROID, J'AI FAIM, JE SUIS FATIGUÉ

ON DIT QUE DANS DES CAS COMME CELUI-CI, IL FAUT COMBATTRE LE SOMMEIL

© 1984 United Feature Syndicate, Inc.

JE DIS, POURQUOI COMBATTRE UN VIEIL AMI?

FOOMP

GARFIELD! RÉVEILLE-TOI! TU ES TOUT PRÈS DE LA MAISON!

EUH? MAMAN? QU'EST...?!

© 1984 United Feature Syndicate, Inc.

OUAH! ELLE N'A JAMAIS ÉTÉ AUSSI BELLE

NOUS DEVRIONS FAIRE DISPARAÎTRE TOUS LES ALIMENTS CONTENANT DU CHOLESTÉROL

BONNE IDÉE!

ZIP

© 1989 United Feature Syndicate, Inc.

10-2

JIM DAVIS

TU AS TOUT BOUFFÉ CE QUE CONTENAIT LE FRIGO!

NE ME REMERCIE PAS, JON. J'AI LE SENS DU DEVOIR!

JE ME FAIS DU SOUCI POUR JON

JIM DAVIS

10-3

© 1989 United Feature Syndicate, Inc.

IL A TANT BESOIN DE COMPAGNIE QU'IL PARLE À N'IMPORTE QUI...

MÊME AUX RÉPONDEURS TÉLÉPHONIQUES!

VOUS AVEZ UN BIP EXQUIS!

REGARDE LÀ-HAUT! UN OISEAU! UN AVION!

NON! C'EST...

HOP!

SUPER OURSON!

© 1989 United Feature Syndicate, Inc.

JIM DAVIS

10-9

MON OURSON ME SÉCURISE LA NUIT VENUE...

10-10

PARCE QU'IL EST SI DOUX

© 1989 United Feature Syndicate, Inc.

ET QU'IL EST CEINTURE NOIRE DE KARATÉ!

JIM DAVIS

GARFIELD

UN DES PLAISIRS DES ANIMAUX FAMILIERS

ZWIP!

QUESTION D'ADRESSE!

© 1989 United Feature Syndicate, Inc.

JIM DAVIS

10-15

ENCORE ENDORMI, GARFIELD?

DÉFINIS "ENCORE"

JPM DAVPS

10-16

© 1989 United Feature Syndicate, Inc.

GARFIELD, AS-TU VU LA SOURICIÈRE OÙ J'AI POSÉ DU GOUDA?

NAN!

JPM DAVPS

10-17

AÏE! AÏE! OUILLE! POUAH! BEURK!

© 1989 United Feature Syndicate, Inc.

JON! ODIE! VOUS REVOILÀ!

SALUT, GARFIELD! VIENS MANGER

JIM DAVIS 10-27

PRISONNIER D'UN ESPACE-TEMPS OÙ IL N'EXISTE PLUS, GARFIELD AFFRONTE SA GRAND-PEUR ...LA SOLITUDE

© 1989 United Feature Syndicate, Inc.

APRÈS DES ANNÉES D'INSOUCIANCE, GARFIELD EST CONFRONTÉ À L'HORRIFIANTE INÉVITABILITÉ D'UN CONCEPT APPELÉ LE "TEMPS"

IL N'A QU'UNE SEULE ARME

LE DÉNI

JE REFUSE D'ÊTRE SEUL

AS-TU FAIM, GARFIELD?

J'AI FAIM DE VOUS!

L'IMAGINATION EST UN MOTEUR DE L'ESPRIT. ELLE PEUT DÉFORMER LES SOUVENIRS ANCIENS, ALTÉRER LES PERCEPTIONS DU PRÉSENT ET PEINDRE UN AVENIR SI RÉALISTE QU'IL SÉDUISE OU EFFRAIE, SELON LA CONDUITE QUE L'ON ADOPTE AUJOURD'HUI... FIN

JIM DAVIS 10-28

© 1989 United Feature Syndicate, Inc.

POUF!

SOYEZ SANS CRAINTE! TOUT EST SAVAMMENT CALCULÉ

KLANG!

LA LAISSE FAIT HUIT MÊTRES

SANS COMPTER LA LONGUEUR DES PATTES...

JPM DAVPS

11-1

TE RENDS-TU COMPTE QUE JE T'AI SAUVÉ DE L'ERRANCE ET DES RUELLES?

GRATT GRATT GRATT

ET QUE JE TE GÂTE TROP

MERCI BIEN, JON

GRATT GRATT GRATT

LE DOS À PRÉSENT, TU VEUX BIEN?

JPM DAVPS 11-2

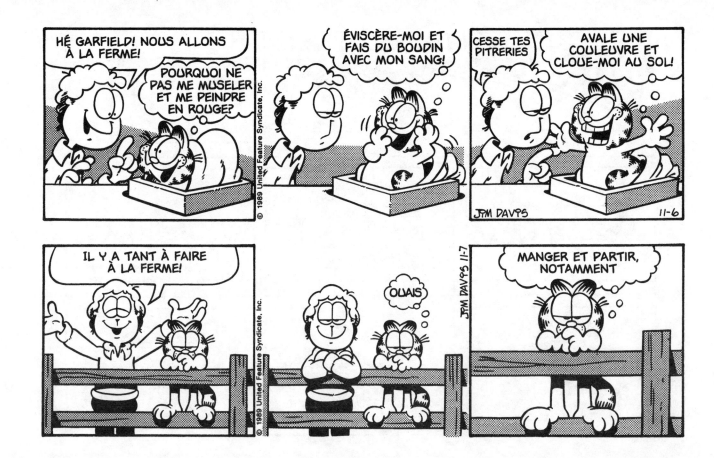

GARFIELD

ENCORE ENVIE DE RÉPARER QUELQUE CHOSE, JON?

BIEN LE BONJOUR, JOLIE MOUCHE

ZZZZZZZZZZ

HÉ-HO! TU N'ES PAS UNE MOUCHE

MAIS UN GOBE-ULTRAVIOLETS ZORDOGIEN DÉPÊCHÉ SUR TERRE POUR EN DÉTOURNER LA LUMIÈRE SOLAIRE!

SAUF QUE LES ZORDOGIENS PUISENT LEUR FORCE DANS LE SOLEIL. DONC, EN FERMANT LES RIDEAUX, JE LE PRIVERAI DE SA SOURCE D'ÉNERGIE

MEURS, GOBE-SOLEIL!

ZIP!

HA! HA! DÉJÀ IL SE DÉSINTÈGRE EN UNE HIDEUSE MASSE GÉLATINEUSE, VERTE ET ÉCUMANTE!

NOUS VIVONS EN PARALLÈLE

11-12

JPM DAVIS

11-13

JPM DAVPS

AUJOURD'HUI, LE CIEL SERA PARTIELLEMENT NUAGEUX AVEC UNE PROBABILITÉ D'AVERSE...

SI TU ME CHERCHES, JE SUIS DEHORS, À FAIRE LA ROTATION DU PNEU DE MON UNICYCLE

ET LE PROPRIO SERA PARTIELLEMENT TOQUÉ AVEC UNE PROBABILITÉ DE STUPIDITÉ

BURRRBRR

RRRRRRRRP!

CLIC!

TU ME DÉGOÛTES

43 SECONDES! UN NOUVEAU RECORD!

LES PETITS, VOULEZ-VOUS VOIR GUGUSSE FAIRE DE LA MAGIE?

ZUT! ET RE-ZUT! JE NE PORTERAI PAS CE SATANÉ COSTUME DE CLOWN UN INSTANT DE PLUS!

JE SUIS UN ACTEUR! MAIS NOOOON.... TROP COURT DE JAMBES, M'A-T-ON DIT!...

TROISIÈME FOIS CETTE SEMAINE. IL PERD LA CARTE

EUF

TOUT UN SOMME!

PEUT-ÊTRE UN PEU TROP LONG

SONGE ODIE QUE NOUS DÉPENDONS DE LUI

KLING!

CE FAUTEUIL EST DÉNIVELÉ

KLING! KLING!

FACILE À RÉPARER!

BÉLANG-BÉLANG

© 1989 United Feature Syndicate, Inc.

BÉLANG-BÉLANG-BÉLANG

BÉLANG-BÉLANG-BÉLANG

BÉLANG-BÉLANG-BÉLANG

JIM DAVIS   11-19

GARFIELD!!!...

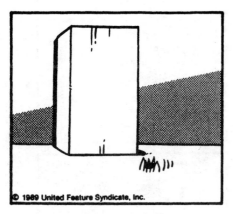

BONG!

WHAM!

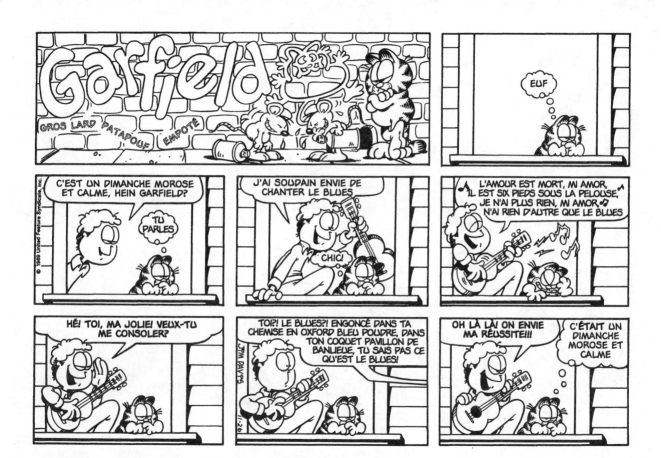

J'AI PRIS TOUTE LA GLACE VANILLE, GARFIELD

BIEN!

JE VAIS LA DÉGUSTER ET PAS TOI

BON APPÉTIT

JE L'AI REMPLACÉE PAR DU SAINDOUX

12-1

VOICI UN COLLIER CONTRE LES PUCES

SAIS-TU CE QU'ON FAIT D'UN COLLIER À PUCES?

TU NE DEVINERAS JAMAIS!

12-2

JE CROYAIS POURTANT AVOIR LAISSÉ LA FORMULE SECRÈTE ICI...

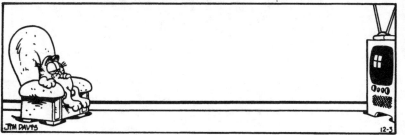

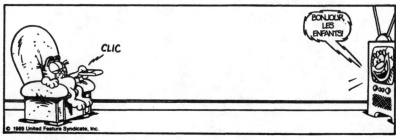

CLIC

BONJOUR LES ENFANTS!

5-4-3-2-1

AHHHHH!

12-4

LE VIEUX TRUC DU POIL DE CHAT SUR LA BROSSE À DENTS RÉUSSIT À TOUT COUP

REMARQUES-TU QUELQUE CHOSE DE CHANGÉ, GARFIELD?

HUMMM???

SERAIT-CE LE VISAGE DE CLOWN QUE J'AI BARBOUILLÉ PENDANT QUE TU DORMAIS?

JE PORTE UNE CHEMISE NEUVE!

QUEL PIÈTRE OBSERVATEUR JE FAIS!

12-5

JON DÉPOSERA MON CADEAU JUSTE ICI. UN GROS CADEAU ORIGINAL, ONÉREUX ET...

HUM... GROS

UN CADEAU TRÈS GROS ET...

JE N'AI PAS ENCORE ACHETÉ TON CADEAU, GARFIELD

ALORS COMMENT PUIS-JE TROUVER OÙ TU L'AS CACHÉ?

GARFIELD

D'ACCORD! PLUS DE CANTIQUES DE NOËL!

MON PUBLIC M'ATTEND

DING DING

DING

DING, DING, DING

BONSOIR ET BIENVENUE JOYEUX FÊTARDS! COMMENT SE REND-ON AU PÔLE NORD?

SUFFIT D'ALLER AU PÔLE SUD ET DE FAIRE MARCHE ARRIÈRE!

POURQUOI LES RENNES DU PÈRE NOËL VOLENT-ILS?... POUR ÉVITER LES BOUCHONS SUR L'AUTOROUTE!

COMBIEN DE LUTINS FAUT-IL POUR FAIRE UN FAUTEUIL-SAC?... SIX, EN LES TASSANT BIEN!

HO! HO! HO! PÈRE NOËL A ENCORE ENGRAISSÉ...

LA FÊTE!

QUE DÉSIRES-TU VRAIMENT POUR NOËL, GARFIELD?

CE QUE JE DÉSIRE VRAIMENT, C'EST...

... EUH! DIFFICILE D'EMBALLER DES HEURES DE SOMMEIL, NON?

DE LA BOUFFE? J'EN REÇOIS À L'ANNÉE

© 1989 United Feature Syndicate, Inc.

J'AI MON OURSON, MON LIT ET UNE MAISON...

... ET MES AMIS

CE QUE JE VEUX VRAIMENT? UNE SECONDE PORTION DE TOUT CELA!

JIM DAVIS   12-24

BIENVENUE À "LA VÉRITÉ EST PLUS BIZARRE QUE LA FICTION"

LE RÉCIT QUI SUIT EST ABSOLUMENT VÉRIDIQUE

SAUF, BIEN ENTENDU, POUR LES CHOSES QUE NOUS AVONS CHANGÉES AFIN DE LES RENDRE PLUS INTÉRESSANTES

J'ADORE LA TÉLÉ!

© 1989 United Feature Syndicate, Inc.

JIM DAVIS 1-3-90

QUOI DE NEUF, GARFIELD?

1-4-90

EUH, KING-KONG EST SUR NOTRE TOIT ET ABAT DES AVIONS, LA PLANÈTE EST SOUS LE JOUG DE MARTIENS QUI SE REPAISSENT DE CERVELLE HUMAINE...

© 1989 United Feature Syndicate, Inc.

MAIS, SURTOUT, MA GAMELLE EST VIDE!

GARFIELD

JIM DAVIS

VEUX-TU LE RESTE DES CÉRÉALES?

TU VIENS DE MANGER UNE DOUZAINE DE BEIGNES, SIX CRÊPES, UN DEMI KG DE JAMBON ET UN LITRE DE LAIT

VIENS-EN AU FAIT!

1-5-90

JIM DAVIS

VOIS, JON! J'AI NETTOYÉ MA GAMELLE!

J'AI TOUT MANGÉ. ES-TU FIER DE MOI?

J'AI AUSSI BIEN NETTOYÉ TON ASSIETTE. ÇA T'IMPRESSIONNE AUTANT?

JIM DAVIS

1-6-90

1-10

ALORS, CE RÉGIME?

OH... TU SAIS!

POUR MAIGRIR, TU DOIS BOIRE 12 VERRES D'EAU PAR JOUR

D'AC!

1-11

GARFIELD!

QUE FAIT CETTE POINTE DE PIZZA DANS TON VERRE?

PIZZA?! JE CROYAIS QUE LE VERRE ÉTAIT TACHÉ!

JIM DAVIS

GARFIELD

QUE S'EST-IL PASSÉ!

ODIE MET AU POINT SON IMITATION DU CHIHUAHUA

© 1990 United Feature Syndicate, Inc.

JIM DAVIS

TCHOUF

TCHOUF

1-14

TCHOUF

D'ACCORD! D'ACCORD! JE TE SERS TON PETIT-DÉJEUNER!!!

J'AI PEINT DES YEUX SUR MES PAUPIÈRES...

"POURQUOI?", DEMANDEZ-VOUS

ET QUAND J'AVAIS TROIS ANS, MAMAN EST SORTIE DU POULAILLER EN PIAILLANT : "JONNY, JONNY, JONNY, OÙ ES-TU..."

QUEL FABULEUX ROUPILLON!

GRATT GRATT

ÉTIRE — MENT

J'AI DES POILS DANS LES OREILLES!

ET TROP DE TEMPS LIBRE!

1-17

GARFIELD, AS-TU VU MON AIGUISOIR ÉLECTRIQUE?

1-18

NOUS MENIONS UNE VIE AGRÉABLE À LA FERME

LE VOILÀ REPARTI!

LA BRISE D'ÉTÉ QUI FAISAIT ONDOYER LES CHAMPS DE BLÉ...

PUIS SONT VENUES LES LOCUSTES

CHOUETTE, UNE FIN HEUREUSE!

© 1990 United Feature Syndicate, Inc.

JIM DAVIS 1-19

JON CROIT QUE JE VAIS TOMBER DANS LE PANNEAU POUR UN SIMPLE SANDWICH AU FROMAGE GRILLÉ

JIM DAVIS

QUEL ESPÈCE DE GLOUTON IDIOT CROIT-IL QUE JE SUIS?

© 1990 United Feature Syndicate, Inc.

QUOI? PAS DE CORNICHON?

1-20

CE TIC-TAC ME REND FOU!

TIC TAC
TIC TAC
TIC TAC

BÉDING
BÉDANG
BÉDING

TOC
TOC
TOC
TOC
TOC
TOC

1-22

JON, VOICI UN OS POUR TOI!

1-23

OÙ AS-TU PRIS CECI?

JON, J'AI UNE BONNE ET UNE MAUVAISE NOUVELLE

LA MAUVAISE : LE MUSEAU D'ODIE EST RESTÉ COINCÉ DANS L'ASPIRATEUR

LA BONNE : JE CROIS QUE NOTRE PROBLÈME DE FOURMIS EST RÉSOLU!

© 1990 United Feature Syndicate, Inc.

JIM DAVIS 1-24

1-25

© 1990 United Feature Syndicate, Inc.

HA! JE L'AI EU AVANT TOI!

EUH, GARFIELD, AURAIS-TU L'OBLIGEANCE DE RENTRER TES GRIFFES?

DONNE-MOI UNE BONNE RAISON!

JIM DAVIS

VOTRE DÎNER, SIRE!

IL APPREND ENFIN À TENIR SON RANG!

JE FAISAIS DU SARCASME

NE GÂTE PAS MA JOIE DU MOMENT, JON

N'EST-CE PAS UNE NOUVELLE GAMELLE?

NON, C'EST TA VIEILLE PISCINE

GARFIELD

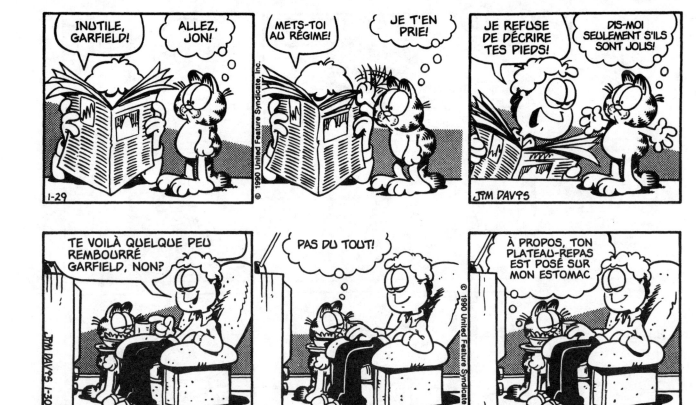

QUELLE IDÉE SENSAS!

JE N'AI JAMAIS PARU SI MINCE

CETTE BASCULE POURRA PEUT-ÊTRE ME COMPRIMER LA PANSE...

HÉ! ÇA Y EST!

APPELEZ-MOI LE "ROI DU SURF"!

EUF

QUELLE HEURE PEUT-IL ÊTRE?

VOYONS UN PEU... LA GRANDE AIGUILLE EST SUR LE SOL ET LA PETITE SE TROUVE SOUS LE CANAPÉ DANS LE LIVING, ALORS...

JIM DAVIS 2-5 © 1990 United Feature Syndicate, Inc.

VOICI QUI PLAIRA À GARFIELD

NOUS VERRONS

JIM DAVIS

UN BEAU COUCHER DE SOLEIL

2-6 © 1990 United Feature Syndicate, Inc.

ET UN BISCUIT

BIEN PARLÉ!

VOUS ARRIVE-T-IL DE NE PAS TROUVER LE SOMMEIL?

JON AUSSI

VOIS GARFIELD, UN LION!

MON GRAND-ONCLE ÉTAIT LION

LE ROI DE LA JUNGLE!

OUAIS, IL ÉTAIT TOUT-PUISSANT

LE GRAND CHASSEUR...

PUIS UN JOUR, IL DÎNA D'UN SINGE MALADE

GARFIELD, IL Y AVAIT UN PLAT DE LASAGNE JUSTE LÀ

OÙ EST LA LASAGNE?

ELLE REPOSE EN PAIX

OÙ EST LE PLAT?

IL NE REPOSE PAS EN PAIX

JIM DAVIS 2-9

GARFIELD! JE T'AI DIT MILLE FOIS DE NE PAS GRIMPER AUX RIDEAUX

JIM DAVIS

JE NE GRIMPE PAS AUX RIDEAUX

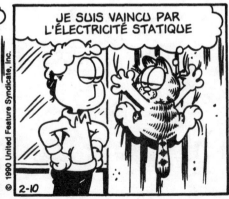

JE SUIS VAINCU PAR L'ÉLECTRICITÉ STATIQUE

2-10

GARFIELD

AFFAMÉ, GARFIELD?

À POURVOIR

LE ROI LION ATTEND SON HEURE...

IL ÉPIE UN TROUPEAU D'ŒUFS MOLLETS

ILS S'AFFOLENT, FLAIRANT LE DANGER...

IL PASSE À L'ATTAQUE!

LE BARRAGE CÈDE, LIBÉRANT UN FLEUVE DE JUS D'ORANGE SUR LA MÊLÉE!

JIM DAVIS 2-11

PUIS-JE DÉJEUNER NORMALEMENT?

SOUDAIN, IL ENTEND LE BRUISSEMENT DES RÔTIES DANS UN BUISSON!

PILE, JE REGARDE LA TÉLÉ! FACE, JE RESTE AU LIT!

PING!

JIM DAVIS

SALUT LES AMIS!

2-12

J'AIDE JON À FAIRE LE MÉNAGE

TIENS, JON! J'AI VIDÉ CETTE BOÎTE DE BONBONS

VOYONS SI QUELQUE CHOSE OBSTRUE LE BOCAL À BISCUITS

JIM DAVIS

2-13

© 1990 United Feature Syndicate, Inc.

DANS LA VIE, DEUX CHOSES SONT SÛRES...

J'AIME MON OURSON ET MON OURSON M'AIME

LES PETITES VÉRITÉS SONT LES PLUS GRANDES

2-19

2-20

TIENS-TOI BIEN, POOKY

UN, DEUX, TROIS, HOP!

2-21

SNIF! ILS GRANDISSENT TROP VITE!

JIM DAVIS

VIENS-TU JOGGER?

J'AI À FAIRE

MA PAROLE, GARFIELD, TU SONGES DAVANTAGE À CET OURSON BOURRÉ DE PELUCHE QU'À MOI!

NE PRÊTE PAS ATTENTION À CE QUE DIT NOTRE LOGEUR, POOKY

JIM DAVIS

2-22

UNE APPROCHE MOINS DIRECTE AURA ÉTÉ SOUHAITABLE!

PFFT!

PFFT!

MIAM!

LA VIE EST COMME UN BAL MASQUÉ!

IL FAUT SORTIR, VALSER, S'AMUSER!

C'EST CE QUE DISAIT ONCLE ARNO

NOUS NE REMUONS PAS

IL FUT ÉCRASÉ PAR UNE FANFARE

JIM DAVIS 3-5

QUEL TEMPS RADIEUX!

UN TEMPS QUI NOUS INVITE AU DEHORS À PROFITER DE LUI

JE PRÉFÈRE UN TEMPS QUI NOUS CONSEILLE DE RESTER AU LIT, REGARDER LA TÉLÉ ET DE GRIGNOTER QUELQUE CHOSE

JIM DAVIS 3-6

© 1990 United Feature Syndicate, Inc.

MERCI!

PFFT

ET LA FOULE SE DÉCHAÎNE!

GARFIELD

JIM DAVIS 3-9

JIM DAVIS 3-10

© 1990 United Feature Syndicate, Inc.

AU CAS OÙ TU N'AURAIS RIEN VU, JE CHASSE LES SOURIS À PRÉSENT!

BRAVO!

TAP TAP TAP

JIM DAVIS 3-12

ODIE ET MOI SERONS SUR LE TOIT

DES PATINS À ROUES?!

GARE AU-DESSOUS!

JIM DAVIS 3-13

J'INVERSE LES RÔLES ET JE PIQUE LA BOUFFE DE GARFIELD

J'AI LA BOUFFE DE GARFIELD! J'AI LA BOUFFE DE GARFIELD!

POURQUOI TOUT CE VACARME?

LES AUTRES CHATS SE PROMÈNENT EN TROTTINANT

TU NE TROTTINES JAMAIS

TU TE MEUS MOLLEMENT

UNE FAIBLESSE AUX GENOUX

ENFIN! UN AIMANT DE FRIGO À MA MESURE!

Z

LE DÉVISAGER JUSQU'À CE QU'IL SE RÉVEILLE NE FONCTIONNE PAS

Z

Z

WHAM WHAM WHAM

LUI FLANQUER DES COUPS DE QUEUE NE DONNE AUCUN RÉSULTAT

IL FAUT DONC PRENDRE LES GRANDS MOYENS

Z

HÉ! ODIE!

TU SAIS QUOI FAIRE, VIEUX

WOUF

LA TRUFFE FROIDE DANS LE DOS NE RATE JAMAIS!

JIM DAVIS   3-18

© 1990 United Feature Syndicate, Inc.

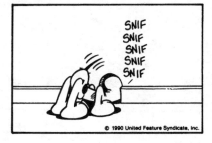

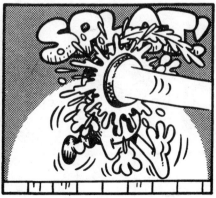

VOILÀ QUE JE FAIS DE L'EMBONPOINT, GARFIELD!

FAIS-MOI PLEURER

JE CROIS QUE NOUS DEVONS FAIRE LE RÉGIME ENSEMBLE

"VENTRE AFFAMÉ N'A PAS D'OREILLES"?

... "UN MALHEUR NE VIENT JAMAIS SEUL"

TA FAMILLE NOUS REND VISITE?

GARFIELD, NOUS SOMMES AU RÉGIME. PAS TOUCHE À LA BOUFFE D'ODIE!

GARFIELD SERA ÉMOUSTILLÉ À LA VUE DE MON TABLIER!

VIVE LE CHEF

JIM DAVIS 4-16

HÉ! GARFIELD!

VIVE LE CHEF

© 1990 United Feature Syndicate, Inc.

LAISSE TOMBER!

QUOI!?

NOURRIS LE CHAT

BONJOUR, GARFIELD!

© 1990 United Feature Syndicate, Inc.

BONJOUR!

TU DOIS EN BOIRE MOINS

J'ACCEPTE AVEC PLAISIR MA 11e TASSE DE CAFÉ!

JIM DAVIS 4-17

UN CAMARADE DE CLASSE VIENT ME RENDRE VISITE

♪ DING DONG ♪

LE VOICI JUSTEMENT!

MOLLUSQUE!

LA NOUILLE!

JE VAIS AU MOTEL!

MOLLUSQUE, VOICI MON CHAT GARFIELD

IL TE RESSEMBLE, LA NOUILLE!

HA! HA! HA!

BOUGA! BOUGA! BOUGA!

OINK! OINK!

LA SEMAINE SERA LONGUE

GARFIELD! VOICI LES PHOTOS DE JON ÉCOLIER

EUH...

JON ARBUCKLE "LA NOUILLE"

JE COMPRENDS MIEUX, À PRÉSENT

JIM DAVIS 4-27

HÉ, LA NOUILLE! TU TE SOUVIENS DU REPTILE?

CETTE DANSE QUE NOUS EXÉCUTIONS AU SOL? ESSAYONS, VOIR!

JIM DAVIS 4-28

YÉ! DANSONS LE REP-TILE ♪♫

LE REP-REP-REP-REP-REPTILE ♪♫

PLUS FACILE DE RÉGRESSER QUE L'INVERSE!

JE NE PEUX ME RELEVER

MOI NON PLUS

VOTRE COLLECTION GARFIELD EST-ELLE COMPLÈTE?

Bandes dessinées • 7,95 $ can 5,95 euros (taxes incluses)

❏ Nº1 Garfield au kilo
❏ Nº2 Garfield voit grand
❏ Nº3 Garfield et ses amis
❏ Nº4 Garfield chef de file
❏ Nº5 Garfield relève le défi
❏ Nº6 Garfield casse la croûte
❏ Nº7 Garfield fait le plein
❏ Nº8 Garfield fou rire
❏ Nº9 Garfield voyage en première
❏ Nº10 Garfield boîte à surprise
❏ Nº11 Garfield jamais sans Odie
❏ Nº12 Garfield flagrant délice

❏ Nº13 Garfield science de l'humour
❏ Nº14 Garfield en chute libre
❏ Nº15 Garfield super duo
❏ Nº16 Garfield lance et compte
❏ Nº17 Garfield batterie de cuisine
❏ Nº18 Garfield allez hop cascades
❏ Nº19 Garfield réveille-matin
❏ Nº20 Garfield lune de miel
❏ Nº21 Garfield modèle décapotable
❏ Nº22 Garfield saveur banane
❏ Nº23 Garfield délire de rire
❏ Nº24 Garfield copie conforme

❏ Nº25 Garfield chat botté
❏ Nº26 Garfield super branché
❏ Nº27 Garfield aux petits oiseaux
❏ Nº28 Garfield folie furieuse
❏ Nº29 Garfield très drôle
❏ Nº30 Garfield robin des chats
❏ Nº31 Garfield drôle de soupe
❏ Nº32 Garfield saute minou

12,95 $ can 9,95 euros (taxes incluses)
❏ Agenda

Trésor
12,95 $ can 9,95 euros (taxes incluses)

❏ Numéro 1 ❏ Numéro 5
❏ Numéro 2 ❏ Numéro 6
❏ Numéro 3 ❏ Numéro 7
❏ Numéro 4 ❏ Numéro 8

12,95 $ can 9,95 euros (taxes incluses)

❏ Poids lourd #1
❏ Poids lourd #2
❏ Poids lourd #3
❏ Poids lourd #4

SVP envoyez-moi les livres cochés ci-dessus.

Je joins_____ $/euros (SVP ajoutez 3,50$/3,00 euros pour les frais de livraison).

Faites parvenir votre chèque ou mandat-poste à:
Modus Vivendi
3859, autoroute des Laurentides, Laval (Québec) Canada H7L 3H7

Vous pouvez commander
par téléphone (450) 687-0333 • fax: (450) 687-3555

Les prix peuvent changer sans préavis.

Nom_____

Adresse_____ App._____

Ville_____ Pays_____ Code postal_____

❏ Visa   ❏ MasterCard   Date d'expiration:|__|__|

Nº de la carte: |__|__|__|__|__|__|__|__|__|__|__|__|__|__|

Signature:_____

Nom:_____